AF362718

LE TROMPEUR,

TROMPÉ,

OU

A BON CHAT BON RAT;

COMÉDIE DE SOCIÉTÉ,

EN UN ACTE,

ET EN PROSE.

Par M. le Chevalier D. G. N.

A PARIS,

Chez **VALADE**, Libraire, rue Saint-Jacques,
vis-à-vis celle de la Parcheminerie.

M. DCC. LXXII.

Avec Approbation & Permission.

ACTEURS.

LE CHEVALIER DE CARSAC, *Chevalier d'industrie, & Garçon.*

LA COMTESSE DORSAIN, *bonne Femme, ridicule.*

LUCILE, *Veuve, jeune.*

LISETTE, *sa Femme-de-Chambre.*

LE MARQUIS DE FLEVILLE, *Homme sensé.*

FRONTIN, *Valet du Chevalier.*

La Scène se passe à Paris, dans un Hôtel garni.

Le Théâtre représente un Vestibule qui communique à deux Appartemens.

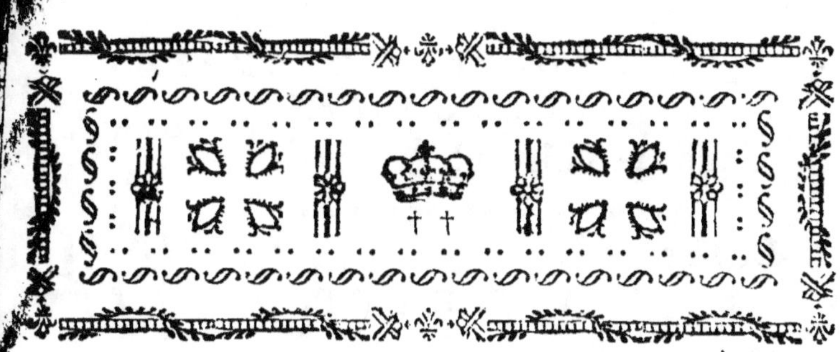

LE
TROMPEUR,
TROMPÉ,
OU
A BON CHAT BON RAT,
COMÉDIE.

SCENE PREMIERE.

FRONTIN *entre en rêvant*, LISETTE *le suit*.

FRONTIN.

C'est une mauvaise condition que celle du Chevalier de Carsac, il ne me paye pas, & sans les espérances.....

LISETTE, *entrant*.

Bon jour, Frontin.

FRONTIN.

Bon jour, Lisette.

A ij

LISETTE.

A quoi pensois-tu !....

FRONTIN.

Devine.

LISETTE.

Je ne sçais.

FRONTIN.

Il faut donc te le dire?

LISETTE.

Cela sera le plus court.

FRONTIN.

A quelque chose de charmant.... à Lisette....

LISETTE.

Que c'est galant.

FRONTIN.

Cela te surprend ?

LISETTE.

Non, cela me réjouit..... Il faut me servir, Frontin.

FRONTIN.

Oh tu peux parler.

LISETTE.

Tu m'aimes?

FRONTIN.

Comme un fol.

LISETTE.

Tu veux m'épouser !

FRONTIN.

Cela va sans dire.

LISETTE.

Il y auroit un moyen.

FRONTIN.

Quel moyen ?

LISETTE.

Si ton Maître époufoit ma Maîtreffe.. ...

FRONTIN, *furpris.*

Epoufer ta Maîtreffe !... Elle n'eft pas riche.

LISETTE.

Ton Maître l'eft !

FRONTIN, *fouriant.*

Mon Maître l'eft ! oui... oui. (*A part.*) Laiffons-là dans fon erreur. (*Haut.*) Et tu fondes nos efpé-rances fur ce Mariage ?....

LISETTE.

Sans doute.

FRONTIN.

Bien vu.

LISETTE.

Ton Maître a des Terres ?

FRONTIN.

Je t'en répons......

LISETTE.

Des Châteaux ?

FRONTIN.

Par douzaine.

LISETTE.

Le Château de Carfac eft-il beau ?

FRONTIN.

Oh ! c'eft un Château.... Mais je dis un beau

Château.... Imagine-toi six Pavillons, flanqués de deux Corps-de-logis ; à main droite , trois Etangs , à main gauche, trois Forêts ; & après cela des Basses-Cours, des Jardins. (*riant.*). Ce que je puis t'assurer , ce qu'il n'y en a pas de pareil dans toute la Province.

LISETTE.

Il rapporte !

FRONTIN, *souriant.*

C'est selon..... Nous faisons valoir.... par nous-mêmes.

LISETTE.

Mais , si on la vendoit?

FRONTIN.

C'est encor selon.... Il y a des goûts si va-riés.... Moi qui connois le terrein , j'en donne-rois bien.... Ah ! mais, je dis....je n'ai rien.... je ne puis estimer.

LISETTE.

Six cent mille livres.

FRONTIN, *souriant.*

Oui....plus, ou moins.

LISETTE.

Le Marquis n'est pas à beaucoup près si riche.

FRONTIN.

Quel Marquis?....

LISETTE.

Le Marquis de Fleville.

FRONTIN.

Oh ! ce font de ces Gentilhommes qui n'ont jamais voulu se méfallier, il n'a que la cape, & l'épée.

LISETTE.

Je l'ai dit à ma Maîtreffe , il ne lui convient pas.... Connois-tu fon Valet ?

FRONTIN.

Ah ! Mademoifelle Lifette, doucement, j'ai des droits antérieurs fur vous; vous fçavez....

LISETTE, *fouriant.*

Laiffons cela.

FRONTIN.

Je ne fuis point un parti à rejetter. Monfieur le Chevalier m'a promis, lorfqu'il fe marieroit, une penfion.

LISETTE.

Eh bien , engage donc ton Maître à fe déclarer.

FRONTIN, *riant.*

Oh , il fe déclarera.....

LISETTE.

Il le faut, & promptement ; ma Maîtreffe eft en balance, le Chevalier lui plaît, mais elle eft raifonnable ; & tu fens bien qu'on ne perd pas fa liberté une feconde fois fans efpérer quelques avantages.

FRONTIN.

Je t'entens.

LISETTE.

Peut-être feroit-il néceffaire qu'il fit connoître
fes intentions.... par quelque façon claire....

FRONTIN.

Je ne t'entens plus.

LISETTE.

Crois-tu qu'un préfent.....

FRONTIN.

De l'argent.... Ah, fi, cela eft vil. (*A part.*)
Bien trouvé.....

LISETTE.

Un inftant.

FRONTIN, *comme fâché.*

Ta Maîtreffe eft trop noble.....

LISETTE.

Sans doute, mais.....

FRONTIN.

Je connois mon Maître, il eft fi délicat fur
l'article, il me tueroit fi j'ofois lui en parler.

LISETTE.

Il ne s'agit pas d'argent..... Une idée me
vient..... Il faudroit de l'adreffe pour ménager
leur délicateffe mutuelle.

FRONTIN, *à part.*

Et fur-tout nôtre bourfe.

LISETTE.

Le Marquis fe croit fûr d'époufer ; je fçais
qu'ayant appris par hafard, que ma Maîtreffe
défiroit des boucles d'oreille, il compte lui faire

ce

ce préſent ; ſi ton Maître prenoit les devants, cela flateroit j'imagine, l'amour-propre de Lucile, & prouveroit en même-tems les vues ſolides du Chevalier.

FRONTIN.

Oui, je conçois fort bien qu'il pourroit réuſſir.... Mais je vois une quantité de difficultés....

LISETTE, *fâchée.*

Eh bien, Monſieur, que tout ſoit dit entre nous... Vous me faites appercevoir d'une quantité de difficultés à vous écouter davantage....

FRONTIN.

Tu te fâches. (*A part.*) Elle eſt gentille cependant. (*Haut.*) Je ferai ce qu'il te plaira....

LISETTE, *fâchée.*

Le bel effort, c'eſt pour toi que je travaille.

FRONTIN.

Je m'en doute.

LISETTE, *fâchée.*

Que m'importe que ton Maître épouſe Lucile.

FRONTIN.

Je ſuis un miſérable, un coquin, un pendart.... Apaiſe-toi, mamour.

LISETTE, *fâchée.*

Tu ne ſens pas le prix de mes bontés....

FRONTIN.

Ma reine, votre petite main blanchette....il eſt ſi beau de pardonner.....

LISETTE.

Tu parleras à ton Maître.....

FRONTIN.

Tu peux, & tu dois le croire.....

LISETTE, *riant.*

Je le croirai donc.... Tout alors réussira ; adieu, mon cher Frontin. (*A part.*) Vivat, le sot est dans mes filets..... (*Elle sort.*)

SCENE II.

FRONTIN.

Comme elle m'aime !... à merveille ; je marche sur les traces de mon Maître.... Je soumets tout à mon empire... Ah ! petit fripon. (*Il se caresse.*) Où diable a-tu pris ce mérite transcendant ? .... La petite fille est folle de moi.... elle croit que je l'épouserai..... Oui-da, c'est bien-là un parti pour Monsieur Frontin.... Je consens à lui sacrifier un de mes momens.... Parlerai-je à mon Maître de ce qu'elle m'a dit ! ... non, cela le détourneroit encore d'un établissement.... Ah ! quand il sera marié avantageusement.... pour lors nous verrons.... nous verrons.... tâchons toujours de l'y déterminer.... Le voici....

SCENE III.

LE CHEVALIER, FRONTIN.

LE CHEVALIER.

EH bien, Frontin, qué dis-tu dé la vie qué nous menons, est-elle assez agréable?

FRONTIN.

Ma foi, comme vous voudrez..... la tranquillité est le lot du sage. ...

LE CHEVALIER.

J'aimé cé ton sententieux.... Tous nos momens né sont-ils pas remplis?

FRONTIN.

Dieu sçait comment, dès le matin....je me trompe, c'est à midi; à midi donc, vous vous levez, vous donnez vos audiences, en prenant, nonchalament, une tasse de chocolat.... Une heure sonne, qu'on m'habille; on le fait; quel tourment que cette toilette; une coquette n'y employe pas plus de tems, une prude n'y met pas plus de soins.... Vous faites ensuite votre cour à maintes belles; vous êtes tendre, complaisant, s'il le faut même jaloux... les pauvres créatures se défendent.... Dabord.... rendent ensuite les armes à vos talens séducteurs, (vous le dites.) Croyez-vous que le Ciel à la fin.....

LE CHEVALIER.

As-tu bien-tôt terminé ton très-pathétique, & très-ennuyeux fermon? Tétebleu, cé fat né fent pas lé plaifir qué j'ai à mé faire défirer, adorer des belles, même à les faire mourir dé chagrin : quelle fatisfaction pour mon amour-propre; il n'eft pas de jour qué jé né célébre par quelques conquêtes; jé vois dé fieres beautés foupirer pour moi; jé réfifte, on fé défole, jé feins de m'adoucir, je balance, je verfe des larmes.... Elles croyent me tenir dans leurs fillets, & zefte, je m'échappé; je jouis fans ceffe, foit par leurs plaifirs, foit par leur dépit....

FRONTIN.

Belle chienne de jouiffance que de faire verfer des larmes à des jolis petits minois, fi friands... Ah! je ne ferois pas fi traître, moi!

LE CHEVALIER.

Cadébious, tu m'enchantes. . . . Repéte. . . . repéte.... mon cher, autant de larmes, autant de triomphes.

FRONTIN.

Où diable tout cela vous conduira-t-il ! ... Vous n'avez pas le fol, ce-n'eft pas là le moyen d'en amaffer.

LE CHEVALIER.

Tête fans cervelle; écoute, & retiens ceci;

je veux me divertir pendant qu'il m'eſt poſſible,
on double le tems de ſa jeuneſſe, en conſacrant
tous ſes inſtans au plaiſir.

FRONTIN.

Je ne vois rien là de fort ſolide. ....

LE CHEVALIER.

Entends donc, juſqu'au bout, ma reſſource
eſt toute prête ; tu connois la Comteſſe Dor-
ſain.....

FRONTIN.

Diable, c'eſt une Veuve riche, très-riche.

LE CHEVALIER.

Eh bien, je l'honore de ma couche nuptiale.

FRONTIN.

Comment ?

LE CHEVALIER.

Oui... Je fus la voir encor hier... je ſuis ſûr
de ſon cœur... La vie de garçon m'ennuye !...
Je céde... J'épouſe... Les uns ſe jettent dans la
retraite, je me jetterai dans le mariage....

FRONTIN.

Je commence à concevoir... En effet, cela
n'eſt pas mal penſé ; mais ſi cette Veuve ne vous
aimoit pas autant qu'elle le paroît... Si par
haſard un autre....

LE CHEVALIER.

C'eſt la choſe impoſſible.

FRONTIN, *à part.*

Ah ! parbleu, qu'elle me vienne parler de ſa Lucile.

LE CHEVALIER.

Que dis-tu de Lucile ?....

FRONTIN.

Peu de choſe.

LE CHEVALIER.

Sandis ; elle eſt jolie, ma charmante voiſine ; je voudrois la ménager pour mes menus plai-ſirs... Je ne ſçais trop...

FRONTIN.

Et Madame la Comteſſe ?

LE CHEVALIER.

Ne t'ai-je pas dit que j'en ferais ma femme ?...

FRONTIN.

C'eſt pour cela.....

LE CHEVALIER.

C'eſt pour cela qu'il me faut une Maîtreſſe ; Lucile eſt ſans fortune.... Je ſuis fin....

FRONTIN.

Paix ; voici le Marquis...C'eſt l'amoureux...

SCENE IV.

LE CHEVALIER, FRONTIN,
LE MARQUIS, *abîmé dans ses réflexions.*

LE CHEVALIER.

ET par quel hasard dans cet Hôtel?...Vous
me paroissez bien triste !

LE MARQUIS.

Bon jour, Monsieur le Chevalier.

LE CHEVALIER.

Mais, je voudrois sçavoir la cause de vôtre
chagrin?

LE MARQUIS.

Je vous remercie... Mon Pere veut me ma-
rier, il m'a écrit.

LE CHEVALIER.

Et cela vous contredit apparament?

LE MARQUIS.

Beaucoup. Je me suis présenté hier chez la
femme qu'il me destine. ... Elle n'a rien qui
puisse m'attacher, qu'un bien considérable....

LE CHEVALIER.

C'est l'essentiel.

LE MARQUIS.

Hélas !

LE CHEVALIER.

Vous soupirez?...mon cher Marquis ; de la

confiance.... Quelque paſſion.....

LE MARQUIS.

Vous l'avez deviné.

LE CHEVALIER.

On répond à vos vœux!...

LE MARQUIS.

Ma tendreſſe doit m'en aſſurer; cependant je crains encor de ne pas réuſſir.

LE CHEVALIER.

Cela ſe pourroit... Pardonnez, Marquis; mais il vous manque encor ce vernis, que Paris ſeul nous donne ; vous vous piquez trop de franchiſe , de ſenſibilité ; ces qualités ne ſont plus de défaite aujourd'hui , ce ſont dés vertus dé contrebande... Etre leger ſur lés propos , médiſant ſans ceſſe , étourdi quelquefois , ne jamais laiſſer échapper l'occaſion , flatter lés défauts de vôtre belle , lui cacher lés vôtres.... Eſt-elle prude , jouez le ſentiment ; eſt-elle coquette , feignés d'être coquet ; obligés-là par crainte à faire dés avances , & profitez-en , ſur-tout lorſqu'elle les aura faites.....

FRONTIN.

Voilà d'excellents conſeils.

LE MARQUIS, *ſouriant.*

Selon moi ce ſont de bien foibles moyens....

LE CHEVALIER.

Foibles !.... très-forts , je les garantis tels ;

j'en

J'en ai fait cent fois l'essai ; jamais ils ne m'ont manqué.

FRONTIN, *à part.*

Du moins, il l'assure.

LE CHEVALIER.

Femmes de robe, Femmes de finance, Femmes de condition, Femmes bourgeoises, jé suis sûr de mon fait ; j'ai composé un petit recueil, par amitié jé vous le communiquerai....

LE MARQUIS.

Je vous suis obligé... Je crois votre méthode excellente pour un attachement passager, mais lorsque.....

LE CHEVALIER.

Quoi ! votre amour va jusqu'au sacrément?

LE MARQUIS.

Puis-je me confier en vous ;

LE CHEVALIER.

Cé seroit me faire injure qué d'en douter.

LE MARQUIS.

Ce Valet ?

FRONTIN.

Monsieur.

LE CHEVALIER.

C'est un homme distingué dans son état, jé lui accorde ma confiance, ma fortune est entre ses mains.

FRONTIN, *ouvrant ses mains au Public.*

Oh ! cela est vrai.....

C

LE MARQUIS.

Je puis donc vous parler à cœur ouvert? . . .
C'est Lucile. . . .

LE CHEVALIER, *surpris.*

Lucile !...

LE MARQUIS.

Sa fortune a été considérablement diminuée
par des malheurs, elle désireroit la réparer par
un Mariage avantageux ; je ne suis pas riche. . . .

LE CHEVALIER, *avec impatience.*

Eh bien ! il faut y rénoncer.

LE MARQUIS.

Doucement, si je puis lui donner une meil-
leure idée de mes richesses, je crois réussir sans
peine ; le sort me sert à merveilles : j'ai sçu qu'elle
cherchoit des boucles d'oreilles, semblables à
celles qu'elle portoit avant son veuvage.

LE CHEVALIER, *avec impatience.*

Après. . . après? Je vrûle de sçaboir.

LE MARQUIS.

Eh bien, je voudrois lui donner ces boucles ;
c'est-à-dire, en y mettant toute l'adresse possible. . . . Mais.

LE CHEVALIER, *content.*

Il sé trouve quelque obstacle ?

LE MARQUIS.

Un énorme. . . . le défaut d'argent,

FRONTIN.

C'est le hic.

LE CHEVALIER.

Ah pour dé l'argent, jé né suis pas votre homme ; bon pour le conseil, jé ne vaux pas lé diable pour les espéces.

LE MARQUIS.

Vous ne pourriez pas absolument ?...

LE CHEVALIER.

Impossible, pas un sol, jé suis à sec, mes Terres de Péfénas sont engagées.

LE MARQUIS.

Que vais-je donc faire !...

FRONTIN.

On pourroit avoir recours à quelqu'un de ces charitables personnages.

LE CHEVALIER, *bas.*

Tais-toi, morbleu.

LE MARQUIS.

Ce sera la derniere de mes ressources ; je vais avant passer chez quelques amis... (*Il sort.*)

SCENE V.

LE CHEVALIER, FRONTIN.

FRONTIN.

Le pauvre Marquis, je le plains.

LE CHEVALIER, *avec sentiment.*

Jé lé plains dé toute mon âme.

FRONTIN.

Il aime Lucile comme un fol. . . .

LE CHEVALIER.

Céla lé rendra malheureux.

FRONTIN.

Il eſt fâcheux de ne pouvoir l'obliger. . . .

LE CHEVALIER.

Eh pourquoi, ſandis, né lé pas faire?

FRONTIN.

Comment ?

LE CHEVALIER.

Jé parie ma belle Terre dé Cerconax qué tu né té doute pas dé mon projet ?

FRONTIN.

Je le devine à préſent, en me rappellant la maniere bruſque dont vous m'avez fait taire, quand j'ai parlé d'uſurier; oui, m'y voici: vous avez peur que le Marquis ne ſe ruine; vous voulez, pour le ſurprendre agréablement, lui prêter cette ſomme, ſans qu'il ſache d'où elle lui viendra. . . .

LE CHEVALIER.

Cadébious, quelque choſe dé plus héroïque; jé veux qu'il né lui en coute rien. . .

FRONTIN.

Comment, lui donner tout-à-fait la ſomme!.. ah, c'eſt trop généreux. . .

LE CHEVALIER.

Tu n'y és pas ; jé prétends lui ſouffler Lucile,

faire cé préfent, qui mé la rendra favorable, &
par-là ôter tout embarras à cé pauvre Marquis.

FRONTIN.

Je ne m'y attendois pas.... Quelle compaf-
fion!... Ah! il faut avouer que vous aimés
furieufement vos amis.

LE CHEVALIER.

Oui, m'écrafe lé Ciel, jé fuis lé plus fervia-
ble dés hommes.

FRONTIN.

Il y paroît.... Mais comment comptez-vous
vous y prendre? Car il faut donner les boucles,
quoique certainement vous méritez bien, par
votre propre mérite...de l'emporter: enfin, pour
réuffir, il faut les boucles... Dieu merci nous
n'avons pas le fol, encore moins de crédit.

LE CHEVALIER.

Ecoute, maître fat..... dans ta caboche
inepte, tu né trouveras donc aucun moyen
d'avoir cés voucles, fans qu'il m'en coute de
l'argent?...

FRONTIN.

Non, à moins que de les voler.

LE CHEVALIER.

Jamais.... jamais, mort de ma vie, tu n'au-
ras de cervelle... As-tu oublié la Comteffe?...

FRONTIN.

Eh bien....

LE CHEVALIER.

Eh bien... jé veux qu'elle serve, sans s'en douter, à més menus plaisirs, voilà l'adreſſe ; em-
ployer les eſpéces de l'une pour avoir les fa-
veurs de l'autre.... Il n'y a qué moi pour ces
ſortes d'avantages... (*Il rit.*)

FRONTIN, *rit.*

En effet, l'avantage eſt riſible; faire payer à
Madame, les maîtreſſes de Monſieur.... Mais
croyez-vous que Lucile conſente au marché?

LE CHEVALIER.

Voici le plus embarraſſant; on prend certains
détours.

FRONTIN.

Ah ! ſi j'étois bien ſûr du ſuccès de vos pro-
meſſes, je vous enſeignerois.....

LE CHEVALIER.

Parlez vîte... parlez vîte, Mouſu Frontin...

FRONTIN.

La ſoubrette eſt venue ici.

LE CHEVALIER.

Tu né m'en diſois rien ?

FRONTIN.

Par modeſtie.... Elle m'a fait entendre que
ſa Maîtreſſe auroit des vues ſur vous....

LE CHEVALIER.

Dés bues légitimes?

FRONTIN.

Oui, très-légitimes; or ces boucles appuye-
ront fortement cette idée.

LE CHEVALIER.

Braviſſimò.

FRONTIN.

Avec tout cela j'ai peur.... Le haſard peut
faire que l'une des deux.....

LE CHEVALIER.

Crainte fribole !

FRONTIN.

Le Marquis pourroit plaire à la Comteſſe.

LE CHEVALIER.

Il né poſſéde aucun principe dé galantérie.

FRONTIN.

Sans principes l'on plaît... Moi par exemple...

LE CHEVALIER.

Jé crois, Dieu mé damne, qué cé maraut veut
mé faire lé détail dé cés bonnes fortunes; va chez
lé plus fameux Jouailler, dis-lui d'apporter lés
plus belles voucles d'oreilles, qu'on lui payera
comptant; tu lé feras monter à ma chamvre ſé-
cretement, & tu viendras m'abertir ici....

(Frontin ſort.)

SCENE VI.

LE CHEVALIER.

IL faut conduire notre barque à bon port....
Lé jeu ſera piquant, unir l'utile à l'agréable !
Chevalier cé ſont dés exploits dignes dé ton

grand courage..... A présent songeons aux moyens dé tirer l'argent nécessaire; la Comtesse est ridicule, mais elle est bonne femme, jé puis intéresser sa sensivilité.... Ciel! la boici.... qui diable peut l'amener si matin!...

SCENE VII.

LA COMTESSE, LE CHEVALIER.

LE CHEVALIER.

Bon jour, ma charmante, ma toute adorable Comtesse; quel excès dé bonté! vous donner la peine de benir dans cet Hôtel!

LA COMTESSE.

Mon cœur m'y a conduit....

LE CHEVALIER.

Qué jé partage bien vos sentimens; loin dé bous jé suis un corps sans âme; près dé bous jé réprends l'existence.

LA COMTESSE.

Comme cela est tourné; vous êtes charmant Chevalier.... Je ne connois personne....

LE CHEVALIER.

Ah! de grace ménagez-moi; mon mérite est bien mince, & j'ai vesoin dé toute botre indulgence.... Mais, cadédis, qué bous êtes velle aujourd'hui, vôtre teint est frais, votre peau éblouissante....

LA

LA COMTESSE.

Trouvez-vous?.. je fuis cependant horrible-
ment incommodée.... C'eft plutôt vous, Chevalier, fi j'ofois, je vous dirois que vous êtes
délicieux.

LE CHEVALIER.

Jé vous plais? jé né défire plus rien.

LA COMTESSE.

Que vous êtes galand !

LE CHEVALIER.

Dités fincére. . . lé fait eft fûr, jé vous adore.

LA COMTESSE, *minaudant.*

Ah ! Chevalier, quel mot prononcez-vous...
adorer !... Sçavez-vous que cela eft affreux....

LE CHEVALIER.

Affreux ou non, jé veux être maudit fi jé né
raffole de vous....

LA COMTESSE, *minaudant.*

Je fuis fi.... fi vieille....

LE CHEVALIER, *riant.*

Quelle vieilleffe, morbleu, quelle vieilleffe ?
Mettons nos deux vieilleffes enfemble, il m'eft
avis qué nous en ferons quelque chofe dé jeune.

LA COMTESSE, *minaudant.*

Ah ! quelle idée donc ! c'eft une idée cho-
quante ; de grace, Chevalier, ne me préfentez
point de pareils tableaux devant les yeux...

LE CHEVALIER.

Ils font cependant fort agréables, mais jé mé

tais ; & j'attends en respectueux silence lé moment fortuné, où vous mé choisirez pour époux.... Jusques-là jé contraindrai ma flâme ; vous avez un empire si absolu sur toutes lés facultés intellectuelles, corporelles, & sensitives dé ma personne....

LA COMTESSE.

Mais voilà des choses uniques, il est adorable ce Chevalier, il vous a des phrases, *corporelles*, *& sensitives*, j'aime ces mots à la rage.

LE CHEVALIER.

C'est vous incomparable Déesse, qui m'inspirez...Vous alambiquez mon ame dé façon... dé façon que l'élixir dé més pensées. ...

LA COMTESSE.

Arrêtez, Chevalier ! arrêtez, *l'élixir des pensées, une âme à l'alambic....* Peut-on tenir à ces choses-là !

LE CHEVALIER.

(*A part.*) Il est tems... (*Haut.*) Comme la vue dé cé qué l'on aime, est un beaume lénitif qui coule dé veine en veine, & suspend nos chagrins.... Hélas !.... hélas !....

LA COMTESSE.

Qu'avez-vous ? vous êtes affligé ?

LE CHEVALIER.

Pardon. . . . qu'il est cruel d'avoir un cœur sensible !

LA COMTESSE.

Expliquez-vous ?

LE CHEVALIER.

Puiſqu'il faut qué jé vous l'avoue , je ſuis
dans une incroyable perplexité.

LA COMTESSE.

Quoi ? cher ami ; tendre Chevalier !

LE CHEVALIER.

Tendriſſime Comteſſe. . . . Vous m'arrachez
mon ſécret, c'eſt un malheur affreux. . .

LA COMTESSE.

Qu'eſt-il donc arrivé ?

LE CHEVALIER, *confidamment.*

J'attends Frontin avec impatience ; un dé més
intimes eſt en priſon pour une dette dé jé né ſçais
combien ; jé l'ai envoyé s'informer , dé l'eſpéce,
du nombre , dé la quantité pour payer , ſi més
moyens mé lé permettent ; j'ai péu d'argent
comptant, çela mé déſole. . . Dieu ! . . . Le voici
déja ; lé cœur mé bat. . . cé qué c'eſt qué l'amitié. (*A part.*) Qué va-t-il mé dire ; jé n'ai pas eu
lé tems dé lé prévénir.

SCENE VIII.

FRONTIN, LA COMTESSE, LE CHEVALIER.

FRONTIN, *à part.*

AH ! la Comtesse est avec lui, ne parlons pas.

LA COMTESSE.

Il reste là !

LE CHEVALIER, *embarrassé.*

C'est qu'il est tout triste, il n'ose approcher... Frontin, Mon pauvre Frontin ; dé combien est la somme ? ... (*Il lui fait un signe.*)

FRONTIN.

Des boucles d'or...

LE CHEVALIER, *à la Comtesse.*

Son esprit sé trouble ; faquin, tu né m'entends pas : jé té demande à combien monte la somme pour laquelle mon ami est en prison ?... (*Il fait des signes.*)

FRONTIN, *surpris.*

Votre ami, Monsieur ?

LE CHEVALIER.

Lé misérable est devenus fol : cet ami chez qui jé viens dé t'envoyer ?

FRONTIN, *prenant un air triste.*

Ah ! j'entends... j'entends... Hélas ! Monsieur, cela monte à deux mille écus...

LE CHEVALIER.

Deux mille écus!... Les malheureux....
Ah! mon pauvre ami, vous resterez donc en
prison... (*Il pleure.*)

FRONTIN, *pleurant.*

Cela... cela... est affreux, j'en pleure....
Hi... hi...

LE CHEVALIER.

Et moi... & moi... je sanglotte... Hu... hu...

FRONTIN.

Pour deux mille écus?...

LE CHEVALIER.

Pour deux mille écus... (*A part.*) Sont-elles
belles?

FRONTIN, *à part.*

Superbes, courage. (*Haut.*) Mais, Monsieur,
il faut le délivrer... si vous l'eussiez vu... il n'a
de ressource qu'en vous. Frontin, m'a-t-il dit...
Frontin, il me faut de l'argent comptant, &
sur le champ.

LE CHEVALIER.

(*Bas.*) J'entends bien. (*Haut.*) Qué veux-tu
qué jé fasse?

FRONTIN.

Votre situation est cruelle. (*Bas.*) Cela fait
effet.

LE CHEVALIER, *à part.*

Jé lé vois. (*Haut.*) Jé né puis respirer....
Frontin, soutiens-moi.

LA COMTESSE *tire un papier de son Porte-feuille.*

Chevalier, je suis trop heureuse de trouver l'occasion de vous obliger dans une circonstance aussi glorieuse & aussi importante ; voici deux lettres de change, allez tirer votre ami de prison.

LE CHEVALIER.

Très-digne, très-adorable Comtesse !

FRONTIN.

La plus excellente des Comtesses possibles.

LA COMTESSE.

C'est trop me remercier pour un si léger service... Chevalier, restez, je le veux.

LE CHEVALIER.

Vous imposez dés bornes bien cruelles à ma reconnoissance ; souffrez....

LA COMTESSE.

Je reviendrai.... Voulez-vous me donner à dîner ?

LE CHEVALIER.

C'est mettre lé comble à vos bienfaits ! (*Il lui baise la main, & la reconduit.*)

SCENE IX.

LE CHEVALIER, FRONTIN.

LE CHEVALIER, *riant avec éclat*

AH.... ah.... ah.... ah.... ah....

FRONTIN.

Ah.... ah.... ah.... ah.... ah....

LE CHEVALIER.

Eh bien, cadédis, qu'en dis-tu, mon ami en prison ? Eh... eh... eh... eh....

FRONTIN.

Ha ! Monsieur, que vous êtes fin... Je l'avoue, je ne suis qu'un sot auprès de vous.

LE CHEVALIER.

Mé croiras-tu, tu vois comme jé réussis...? Elle m'adore ; jé suis unique en vérité?...

FRONTIN, *d'un ton important.*

Vous n'êtes pas le seul, on m'adore aussi, Je me souviens que tantôt....

LE CHEVALIER.

Eh dé grace, mon cher, né té souviens pas; & donne-moi l'écrain...

FRONTIN.

Le voici. Notre réputation est si bien établie, qu'il ne vouloit pas me laisser les apporter, ici seulement.

LE CHEVALIER, *les regarde.*

Jé suis content ; va les payer. . . . J'entends
Lisette.

FRONTIN, *revenant.*

Monsieur, c'est assez de deux.

LE CHEVALIER.

Quoi ! tu as peur ?

FRONTIN.

C'est assez de deux. . . .   (*Il sort.*)

SCENE X.

LE CHEVALIER, LISETTE.

LE CHEVALIER.

Aimable soubrette, j'ai profité dé tes avis ;
sois sûre dé ma gratitude éternelle.

LISETTE.

J'y compte, au moins ?

LE CHEVALIER.

Jé té fais, si jé réussis, Concierge dé tous més
Châteaux.

LISETTE, *faisant la reverence.*

Bien obligé.

LE CHEVALIER.

Jé té marie...

LISETTE.

C'est un soin que je prendrai toute seule.

LE

LE CHEVALIER.

J'entends ; ton choix eſt fait...

LISETTE.

Oui. Mais, donnez-moi cet écrain ; ma Maîtreſſe va paſſer ici ; je vais adroitement, pour
ne pas éffaroucher ſa délicateſſe, les lui préſen-
ter : pour vous, il faut vous cacher, & vous
ne paroîtrez que quand je touſſerai.

LE CHEVALIER.

Jé t'obéis aveuglement. . . .   (*Il ſort.*(

SCENE XI.
LISETTE, *ſeule.*

Jusqu'ici tout réuſſit aſſez bien ; en arrangeant
les affaires de ma Maîtreſſe, les miennes s'en
trouveront mieux. . . . Concierge de tous ſes
Châteaux ; & la penſion de Frontin !... C'eſt
Lucile. . . . elle rêve. Elle ne s'accoutume pas
à l'indigence. . . .

SCENE XII.
LISETTE, LUCILE.

LISETTE.

Madame ne me dit rien, aujourd'hui ?

LUCILE.

Je ſuis inquiette, triſte, je ne ſçais ce que j'ai.

E

LISETTE.

Il seroit peut - être possible d'adoucir vos chagrins ?

LUCILE.

Non, Lisette ; on s'accoutume facilement à l'aisance, il est bien dur de décheoir.

LISETTE.

Il y a du reméde à tout : pourquoi désespérer?

LUCILE.

Et pourquoi voudrois-tu que j'espére ?

LISETTE.

J'ai mes raisons... Comment Madame trouve-t-elle ces boucles ?

LUCILE.

Ne veux-tu pas me tenter?... Tu sçais que j'en désirois, mais il n'y faut plus penser.

LISETTE.

Regardez-les toujours.

LUCILE.

Non, à quoi cela servira-t-il? (*Elle les prend.*) Quel éclat ! les diamans sont de toute beauté.

LISETTE.

Elles sont à vous. . . .

LUCILE.

Comment?...

LISETTE.

Elles sont à vous, vous dis-je. .. Monsieur le Chevalier. . . .

LUCILE.

Qu'est-ce que cela signifie? . . . le Chevalier.

LISETTE.

Cela signifie l'envie qu'il a de vous époufer...

LUCILE.

En vérité, Lifette, vous êtes d'une étour-
derie. . . .

LISETTE.

Ne me croyez pas fi inconfidérée, je fçais
qu'un préfent vous offenferoit. . . . Mais fongez
que c'eft un mari, cela ne tire pas à conféquence.

LUCILE, *fouriant*.

Tu crois. . . .

LISETTE.
J'en fuis fûre.

LUCILE.
Le trait eft joli.

LISETTE.
Délicieux.

LUCILE.
Il a donc deviné. . .

LISETTE.
Exactement deviné. . . Les Amans font fi in-
génieux. . .

LUCILE.
Elles font fuperbes. . . . Ne trouves-tu pas
qu'elles reffemblent aux miennes ?

LISETTE.
A s'y méprendre.

LUCILE.

Il faudroit ici deux diamans. ..

LISETTE.

Rien de si aisé à placer.

LUCILE.

Ce seroit bon si je les acceptois. Il est très-décidé que je n'en veux pas. . .

LISETTE.

Vous le désolerez , c'est lui ôter tout espoir. . .

LUCILE.

Tu prétendrois me persuader que le Chevalier a des desseins sérieux.

LISETTE.

Je vous proteste qu'oui. . .

LUCILE.

Il est vrai qu'à une femme comme moi , il ne se seroit pas avisé de faire un cadeau de cette nature. . .

LISETTE.

Vous voyez bien.

LUCILE.

Que ne parle-t-il donc ?

LISETTE.

Il va parler. . . .   (*Elle tousse.*)

S C E N E   X I I I.

LUCILE, LE CHEVALIER, LISETTE.

LE CHEVALIER, *à génoux.*

Qu'il me fera heureux divine Lucile, d'apprendre dé votre bouche qué vous né vous oppoferez pas à ma récherche ; jé vous offre mon cœur, & més richeffes ; jé né fens lé bonheur dé poffédér l'un & l'autre , qué pour lés mettre à vos pieds.

LISETTE.

Avois-je tort ?

LUCILE.

Tout ceci me paroît un fonge. Monfieur , je vous prie de réprendre ces boucles.

LE CHEVALIER *fanglotte en les prennant.*

Vous mé réfufez donc votre main ?...

LUCILE.

Je ne dis pas cela ; mais rien ne preffe.

LE CHEVALIER.

Cadédis, excufez-moi, jé fuis exceffivement preffé....

LUCILE.

J'approuverai vos démarches ; c'eft en dire affez.

LE CHEVALIER *reprenant les boucles.*

Jé les réprends, jé cours y faire ajouter les deux diamans ; jé vous les rapporterai, & jé meurs fi vous les réfufez : voilà mon dernier mot. . . .

LUCILE.

Comment ! vous avez entendu ? cela eft horrible ! . . . il n'y a pas de fûreté ici, je ne les porterai jamais. . . . (*Il s'en fuit.*). . . . Mon Dieu, Lifette, quelle imprudence. . . .

SCENE XIV.

LUCILE, LISETTE.

LISETTE.

JE ne vois pas le grand malheur. . . .

LUCILE.

Et le Marquis ?

LISETTE.

Il faut s'en défaire.

LUCILE.

Sur quel prétexte ?

LISETTE.

Madame, fongez à l'avenir.

LUCILE.

Je lui ai prefque donné ma parole.

LISETTE.

La peut-on donner, de faire une fottife ?

Quand vous serez malheureuse, & lui aussi, il vous saura bien du gré de vos scrupules.

LUCILE.

Il a un pere.

LISETTE.

C'est où je vous attends ; son pere le destine à la Comtesse Dorsain ; je sçais cela de son Valet...

LUCILE.

Il est vrai qu'il est désagréable d'entrer dans des familles malgré elles.

LISETTE.

Vous moureriez de chagrin....

LUCILE.

Je n'oserai jamais lui dire.

LISETTE.

Laissez-moi faire.

LUCILL.

Je l'apperçois.

LISETTE.

De la fermeté , & cédez-moi la place.

SCENE XV.

LUCILE, LE MARQUIS, LISETTE.

LE MARQUIS, *arrêtant Lucile.*

Vous me fuyez ?

LUCILE.

Oui....

LE MARQUIS.

Que vous êtes cruelle !

LUCILE.

Vous vous plaignez toujours.

LE MARQUIS.

Vous me maltraitez sans cesse.

LUCILE.

Pourquoi me poursuivre ?

LE MARQUIS.

Pourquoi m'éviter ?

LUCILE.

Lisette vous en instruira.

SCENE XVI.

LISETTE, LE MARQUIS.

LISETTE.

ET cela en deux mots. Ma Maîtresse est sans fortune, vous n'avez rien, cela feroit un fort mauvais ménage ; partant pour votre bien comme pour le notre, nous avons conclu de vous rendre votre liberté.

LE MARQUIS.

Je m'attendais à ce tour ; mon Jouailler m'a appris tout le mystère.

LISETTE.

Que cela est drôle ; il falloit donc nous le dire.

LE MARQUIS.

Et peut-on sçavoir le mortel fortuné ?...

LISETTE.

LISETTE.

Monfieur de Carfac...

LE MARQUIS *à part.*

Contenons-nous. (*Haut.*) Le choix eft merveil-
leux, faites-en mon compliment bien fincére à
votre défintéreffée Maîtreffe.   (*Lifette fort.*)

SCENE XVII.

LE MARQUIS, *feul.*

J'ALLAIS faire une belle fottife ; mériter la
haine de mon pere ; manquer un bon parti. . . .
pour une coquette qui fe donne au plus offrant...
Que je viens d'apprendre d'excellentes chofes ;
je puis accorder, & le foin de ma fortune, &
celui de ma vengeance : 1°. le Chevalier n'a ni
naiffance ni argent, Lucile ne l'époufera pas.
2°. Cette Comteffe Dorfain que Monfieur le
Chevalier conte atrapper, eft celle que mon
pere me deftine, c'eft d'elle que font les lettres
de change ; en lui apprennant la petite gentil-
leffe de fon cher amant, en paroiffant bien épris
de fes vieux appas, je réuffirai, j'en fuis fûr...
Eh bien ! je l'épouferai, elle eft riche je ferai mon
chemin ; on la dit ridicule, ma foi dans ce fiécle
n'eft-on pas bien heureux d'avoir une femme

qui n'a que ce défaut-là?...c'eſt un parti pris...
La voici..... faignons d'ignorer tout, & d'être
plongé dans la douleur.

SCENE XVIII.

LA COMTESSE, LE MARQUIS.

LA COMTESSE.

Quoi ! Marquis, je vous trouve ici.

LE MARQUIS.

Hélas oui !...

LA COMTESSE.

Qui vous y amene ?

LE MARQUIS.

La plus déſaſtreuſe avanture.

LA COMTESSE.

Puis-je la ſçavoir ? Je ſuis l'amie de votre
pere, & s'il dépendoit de moi....

LE MARQUIS.

Vous n'y pouvez rien.

LA COMTESSE.

Vous augmentés ma curioſité.

LE MARQUIS.

S'attend-on à pareille perfidie de la part d'un
ami !

LA COMTESSE.

Expliquez-vous...

LE MARQUIS.

Connoiffez-vous le Chevalier de Carfac?

LA COMTESSE, *minaudant.*

Oui... un peu.

LE MARQUIS.

C'eft le mortel le plus fourbe... Ecoutez... de grace, écoutez... J'aimais Lucile, jeune veuve, qui loge ici, j'efperois en être aimé, j'apprends qu'elle defire des girandoles, je veux qu'elle en trouve fur fa toilette; le befoin d'argent me force d'avoir recours au Chevalier, il m'en refufe, jure qu'il lui eft impoffible d'en avoir. A peine fuis-je parti qu'il trouve quelque fot, quelque dupe, qui lui fournit l'argent nécef-faire, il en achete les boucles, les donne, & moi je fuis renvoyé difgracié....

LA COMTESSE.

Quoi! le Chevalier aime Lucile?

LE MARQUIS.

Oui, Madame.

LA COMTESSE.

Il lui a donné des boucles d'oreilles?

LE MARQUIS.

Oui, Madame.

LA COMTESSE.

Aujourd'hui?

LE MARQUIS.

Eh oui, Madame, aujourd'hui, à l'inftant même.

LA COMTESSE.

Le fourbe !

LE MARQUIS.

Le traître !

LA COMTESSE.

Comment s'en venger ?

LE MARQUIS *à part , bon.*

Si je pouvois trouver les moyens. . . .

LA COMTESSE.

Après ma générosité.

LE MARQUIS.

Après ma bonne foi.

LA COMTESSE.

Je prends part à vos maux.

LE MARQUIS.

C'est les diminuer. . . .

LA COMTESSE, *s'éloignant au bout du théâtre.*

(*A part.*) Le Marquis pourroit-il ?

LE MARQUIS *s'éloignant aussi.*

(*A part.*) La voilà piquée.

LA COMTESSE.

Comment faire ?

LE MARQUIS *à part.*

Aidons-là. . . . .

LA COMTESSE *à part.*

Les sentimens que je pouvois avoir pour le
Chevalier sont éteints… La famille de celui-ci
est distinguée ; je veux absolument un époux.
(*Haut.*) Marquis. . . . (*Elle détourne le visage.*)

LE MARQUIS.

Madame, ne m'appellez-vous pas?...

LA COMTESSE.

Mais... je crois qu'oui. ... Ne me difiez-vous rien ?

LE MARQUIS.

Non, Madame.

LA COMTESSE.

Autre filence !

LE MARQUIS.

Cela n'avance pas. Allons... Ma... Madame...

LA COMTESSE.

Quoi ?

LE MARQUIS.

Ne trouvez-vous pas horrible le procédé...

LA COMTESSE *venant, & vivement.*

Du Chevalier, n'eft-ce pas?... oh, affreux, exécrable....

LE MARQUIS.

Si l'on pouvoit l'en punir.

LA COMTESSE.

J'y confens ; je ferai charmée de vous... venger.

LE MARQUIS *lui baifant la main.*

L'excellent caractère !

LA COMTESSE.

Se fervir du voile de l'amitié !.. j'en frémis... Avez-vous un projet ?

LE MARQUIS.

Le Ciel m'en fuggére un ; mais....

LA COMTESSE.

Vous voulez dire quelque chofe....achevez.

LE MARQUIS.

L'exécution dépend de vous.

LA COMTESSE.

Je m'en réjouis; parlez.

LE MARQUIS.

Ce trait vous offenfe autant que moi. Si quelqu'un, par exemple pouvoit avoir le bonheur de vous plaire....

LA COMTESSE.

Je crois qu'on n'auroit pas beaucoup de peine.

LE MARQUIS.

Que ne fuis-je affez heureux !

LA COMTESSE *jouant de l'évantail.*

Vous vous plaignez peut-être à tort....

LE MARQUIS.

Ah ! pourrois-je me flater.... Vous le fçavez, mon pere le defire; vous êtes pour moi un parti fort avantageux, & puis j'ai toujours admiré en vous des qualités ineftimables....

LA COMTESSE.

Je ne vous cacherai pas.... Un je ne fçais quoi m'a toujours prévenu en votre faveur.

LE MARQUIS.

Votre bonté me ravit.

LA COMTESSE.

Votre malheur me touche.... Oui, Marquis,

vous m'arrachez cet aveu; si je n'étois persua-
dée que Lucile... Mais je veux un cœur neuf...

LE MARQUIS.

Il est tout entier à vous, j'en jure par....

LA COMTESSE.

Marquis.

LE MARQUIS.

Comtesse.

LA COMTESSE.

Vous n e mettez da ıs une situation...?

LE MARQUIS.

Je me trouve dans un état....

LA COMTESSE.

Que vous êtes pressant....

LE MARQUIS *lui baisant la main.*

Que vous êtes charmante....

LA COMTESSE.

Dieux ! peut-on résister...Je...je me rends.

LE MARQUIS.

Je suis le plus fortuné des hommes....

LA COMTESSE.

Oui ! par vengeance, ou plutôt par amour ;
Marquis, épousons - nous? ... Cet indigne
Carsac !... Dabord sachez que le traître....
J'ai si bon cœur.... que le frippon.... Je suis
si compatissante....

LE MARQUIS.

Qu'a-t-il fait ?...

LA COMTESSE.

Le petit volage, je l'adorois...ou plutôt je

ne l'adorois pas… C'est vous, Marquis… Le petit volage… il m'a… Que j'ai été crédule !… il m'a… Ah ! Marquis…

LE MARQUIS.

Eh bien, Madame, il vous a….

LA COMTESSE.

Il m'a escroqué deux mille écus ; quelle perfidie atroce !… pour acheter ces boucles d'oreilles.

LE MARQUIS.

Pour m'enlever Lucile….

LA COMTESSE.

Deux mille écus…. Enfin, Marquis, je vous épouse.

LE MARQUIS.

Divine Comtesse, bornerez-vous l'a votre punition ?… Ces diamans les lui laisserez-vous ?…

LA COMTESSE.

La somme n'est pas d'une grande consé-quence…. cependant je ne serois pas fâchée de n'être pas sa dupe….

LE MARQUIS.

Il est un moyen…. elle les lui a laissées…. Le voici qui les tient.

LA COMTESSE.

Je comprends ; pendant ce tems allez dé-tromper Lucile, & engagez-là seulement à venir nous écouter.

LE MARQUIS.

Je vais y mettre toute ma science.

SCENE

SCENE XIX.

LA COMTESSE, LE CHEVALIER,
tenant un écrain.

LE CHEVALIER.

J'ESPERE pour le coup qu'elle sera contente...

LA COMTESSE.

C'eſt moi qui vous attends, Chevalier; vous n'êtes guére diligent pour un amant auſſi tendre....

LE CHEVALIER.

Pardonnés reine dés cœurs à la force de l'amitié. (*A part.*) La fâcheuſe rencontre !...

LA COMTESSE.

Eh ! que tenez-vous là. . . . des diamans?

LE CHEVALIER.

On me lés a donnés pour y jetter un coup-d'œil.... (*il les met dans ſa poche.*)

LA COMTESSE.

Vous êtes connoiſſeur ?

LE CHEVALIER.

Jé m'en pique. (*A part.*) Comment s'en défaire....

LA COMTESSE *lui frappant l'épaule.*

Finiſſez-donc ce badinage.

LE CHEVALIER *impatient.*

Jé né badine point.

G

LA COMTESSE.

Comme il a l'air de bonne foi... Allons, je vous pardonne le mensonge en faveur du motif... (*Le Chevalier s'impatiente.*)

LE CHEVALIER.

Je ne vous entends pas ; que voulez-vous dire ?

LA COMTESSE.

Il soutient la gageure.... je sçais tout.

LE CHEVALIER.

Jé suis prodigieusement étonné....

LA COMTESSE.

Ne faites pas de mystère.... vous les avez achetés....

LE CHEVALIER.

Qui vous l'a dit, cadédis ?

LA COMTESSE.

Comme si je n'étois pas instruite de toutes vos démarches ! vous les avez achetés pour faire un présent.

LE CHEVALIER.

Ciel !...

LA COMTESSE.

A une personne charmante.

LE CHEVALIER *à part.*

Jé suis perdu.

LA COMTESSE.

Rassurez-vous.... je vous pardonne, vous dis-je ; & je vous passe votre dissimulation....

LE CHEVALIER.

Quoi ! vous fauriez. . . .

LA COMTESSE.

Oui.

LE CHEVALIER.

Et vous trouvez bon ? . . .

LA COMTESSE.

Sans doute.

LE CHEVALIER.

Que j'en fasse préfent ? . . .

LA COMTESSE.

Rien n'eft plus naturel, quand on aime. . . .
Voyons-les. . . . Fort bien. Chevalier, je vous
remercie.

LE CHEVALIER.

Comment, ces boucles font. . . .

LA COMTESSE.

Pour moi.

LE CHEVALIER.

Pour vous ? . . .

LA COMTESSE.

Sans doute ; pour un objet aimable, charmant.
Ne m'avez-vous pas reconnue à ce portrait ? . . .

LE CHEVALIER *à part.*

Me voilà pris ; feignons. (*Haut.*) Oui, fans
doute, qui ne vous auroit pas reconnue. (*A part.*)
Ferme, morbleu. (*Haut.*) Puifque vous favez tout
il eft inutile de vous cacher... (*Lucile paroît, la
Comtesse la voit.*)

LA COMTESSE *l'interrompant*

Que vous les avez achetés pour votre mariage....

LE CHEVALIER.

Oui, c'est un hasard singulier dont j'ai voulu profiter. Jé né tiens rien qué dé vos bontés ; il né mé convenoit pas dé vous faire un présent ; mais jé vous ai emprunté l'argent pour qué vous trouvassiez l'écrain sur votre toilette lé jour dé notre h'ymenée. . . . (*A part.*) Comme elle donne dans lé panneau.

LUCILE *à part.*

Ah ! Ciel.

LA COMTESSE.

Vous les avez montrés à Lucile, je n'ignore rien, prenez garde.

LE CHEVALIER.

C'est la pure vérité.

LA COMTESSE *lé fixant.*

Est-ce tout ?

LE CHEVALIER.

Jé mé suis même avisé d'une ruse assez plaisante , afin dé mé divertir aux dépens dé la petite Bourgeoise ; j'ai feint dé les lui donner. . . . he. . . . he. . . . he. . . . (*Il rit.*)

LA COMTESSE.

L'idée est très-heureuse. . . he. . . he. . . he. . . he. . . . (*Elle rit.*)

LUCILE *à part.*

L'infame.

LE CHEVALIER.

Jé les ai examinés il y a quelques chofes à y
faire ; ainfi remettez-les moi. . . .

LA COMTESSE.

Non ; je les trouve charmantes. . . .

LE CHEVALIER.

Pardonnez-moi ; il y a ici. . . un diamant qui
pourroit fe perdre. . . .

LA COMTESSE.

Je fuis enfant. Je les veux porter fur le champ. . .
(*elle les met.*) pour vous en faire honneur. . . .
Adieu , très-galant Chevalier.

LE CHEVALIER.

Vous ne dìnez pas au logis ? . . .

LA COMTESSE.

Non ; je venois me dégager. . . . J'ai exceffivement d'affaires ; point de façon. . . . nous
fommes fans cérémonie.   (*Elle fort.*)

SCENE XX.

LUCILE *au fond du théâtre*, LE CHEVALIER
fans la voir.

LE CHEVALIER.

APRÈS tout la veuve vaut mieux qué Lucile ;
j'étois un fou ; jé fuis bien heureux qué la chofe

ait tourné ainſi.... Mais elle va me demander ces boucles... Qué lui dirais-jé... jé né ſçais...

(*Ils ſe rencontrent.*)

LUCILE *ſe contenant.*

Eh bien, l'écrain?

LE CHEVALIER.

L'ouvrier moins impatient qué moi n'a pas encore fini.

LUCILE.

Vous êtes un grand fourbe, Monſieur de Carſac... il faut convenir que vous mentez d'un furieux ſang froid.

LE CHEVALIER.

Jé vous dis la choſe véritable.

LUCILE.

Vous êtes bien hardi, me jouer ainſi ! Monſieur s'amuſe aux dépens d'une petite Bourgeoiſe.... Sçavez-vous bien qu'il s'en faut peu de choſes qué cette petite Bourgeoiſe....

LE CHEVALIER.

Daignez m'écouter.

LUCILE.

Sans fortune ! ſans naiſſance ! ſans honneur... C'eſt bien à vous à me traiter de petite Bourgeoiſe.

LE CHEVALIER.

Dé grace.

LUCILE.

Je ne veux pas m'abaiſſer à vous écouter; mais ayez ſoin de ne jamais paroître devant mes yeux.... (*Elle ſort.*)

S C E N E   X X I.

LE CHEVALIER.

Voici bien la plus endiablée aventure.... bon.... jé fuis heureux.... Ceci n'eft qu'une bourafque, j'entre au port, & jé mé ris du naufrage.... La Comteffe.... la Comteffe.... voilà lé folide.... Dieu mé damne je vois le Marquis confterné ; c'eft la jaloufie ; s'il fçavoit....mais il né lé fçait pas....Fortune.... fortune.... Tu m'offres une confolation; excitons fon dépit; la vie n'eft qu'un troc continuel dé méchancetés.

S C E N E   X X I I.

LE MARQUIS, LE CHEVALIER.

LE MARQUIS à part.

A mon tour à me venger. (*Haut.*) Que je fuis malheureux !

LE CHEVALIER.

Quoi donc, qu'avez-vous ? vous fçavez qué jé prends part à vos peines ?

LE MARQUIS.

Je fuis défolé.

LE CHEVALIER.

Hélas !…

LE MARQUIS.

Anéanti.

LE CHEVALIER.

Eh pourquoi, sandis ?

LE MARQUIS.

Une aventure unique.

LE CHEVALIER.

Un revers au jeu ?

LE MARQUIS.

Bien pire.

LE CHEVALIER.

La perte d'un ami ?

LE MARQUIS.

Plus encore.

LE CHEVALIER *ricanant.*

L'infidelité d'une Maîtresse chérie ?

LE MARQUIS.

Précisément. . . .

LE CHEVALIER.

Qu'un ami vous enleve ?

LE MARQUIS.

Vous l'avez deviné.

LE CHEVALIER *riant.*

Les femmes sont toutes si coquettes.

LE MARQUIS.

C'est ce que je me suis dit.

LE CHEVALIER *riant.*

Qu'il faut bien s'attendre à quelques petites perfidies de leur part.

LE

LE MARQUIS.

Dieu soit loué, vous me faites un plaisir in-
fini. . . . que je vous embrasse. Je suis charmé
que vous pensiez ainsi ; je n'ai plus aucun regret.

LE CHEVALIER *très-sérieux.*

Quoi ! vous n'êtes plus fâché ?

LE MARQUIS.

Non, au contraire mon cher ami ; j'espére..
Ne parlons plus de chagrins ; occupons-nous
d'une matiere plus satisfaisante pour mon
cœur... de ma reconnoissance... Je viens vous
faire mille remerciemens.

LE CHEVALIER.

A moi ? (*A part.*) Que diable veut-il dire...

LE MARQUIS.

A vous, pour tous les bons préceptes que
vous avez bien voulu me donner tantôt, je les
ai employés avec succès.

LE CHEVALIER *réprenant son air gai.*

(*A part.*) Bon. (*Haut.*) Contre Lucile, sans
doute ?

LE MARQUIS.

Non, je l'ai abandonnée, elle n'a rien....

LE CHEVALIER *sérieux.*

Abandonnée?..(*voulant rire.*) Ah ! j'entends.
Contre quelques veuves sur le retour, mais
belles au coffre.

LE MARQUIS.

Oui.

H

LE CHEVALIER *voulant rire.*

Peut-on sçavoir l'aimable objet ?...

LE MARQUIS.

Ce n'est pas un mystère ; c'est la Comtesse Dorsain....

LE CHEVALIER.

Ciel ! je suis trahi, ruiné ; ma veuve vous aime !

LE MARQUIS *froidement.*

Et demain m'époufe....

LE CHEVALIER.

Je suis mort.

LE MARQUIS.

D'où vient ce défespoir ? (*Malignement.*) Les femmes font fi coquettes, qu'il faut bien s'attendre à quelques petites perfidies de leur part.

LE CHEVALIER.

Ne triomphez pas encore, lorfque je la verrai....

SCENE XXIII.

LA COMTESSE, & *les précédents.*

LA COMTESSE.

Lorsque vous la verrez, vous ne réuffirez pas davantage.

LE CHEVALIER.

Adorable veuve, illuftre Comtesse ; vous

broyez mon tendre cœur.... vous le réduisez en
poussiere.... Souvenez-vous....

LA COMTESSE.

Non, j'aime mieux tout oublier.... vous y
gagnerez Monsieur.

LE MARQUIS.

Eh bien, mon grand ami, de quoi te plains-
tu?... Peut-on un procédé plus honnête? Tu
veux Lucile.... je te l'abandonne ; tu laisse
Madame, je l'épouse ; on ne peut rien de plus
regulier.... Adieu, cadédis.... (*Ils sortent
tous deux.*)

SCENE XXIV.

LE CHEVALIER, LISETTE.

LISETTE lui fait de grandes révérences.

JE viens faire ressouvenir le digne, & illustrissi-
me Chevalier de Carsac, Seigneur de Carconax,
de Péśénas & autres lieux, de la parole qu'il a
bien voulu donner à sa très-humble servante,
de la faire Concierge de tous ses Châteaux,

SCENE XXV.

FRONTIN, LE CHEVALIER, LISETTE.

FRONTIN *à part, au Chevalier.*

ON parle là bas de nôce ; c'est la votre, sans doute ?

LE CHEVALIER, *avec humeur.*

Tais-toi.

FRONTIN.

Qu'y a-t-il donc ?

LISETTE.

Monsieur n'a pas l'air trop gai... c'est l'excès du bonheur.... Ecoute Frontin. (*Elle l'amene sur le bord du théâtre, & lui applique un soufflet...*) Voilà pour ta description.... (*Elle s'enfuit.*)

FRONTIN, *la main sur la joue.*

En conscience elle est trop payée....

SCENE XXVI.

LE CHEVALIER, FRONTIN.

FRONTIN.

IL y a du grabuge.... Monsieur.... Il ne répond rien.... Monsieur, c'est Frontin, votre fidele ferviteur, qui vient d'ajouter aux coups reçus à votre fervice, ce foufflet feminin; dont il efpére que vous lui tiendrez compte après votre prochain mariage.

LE CHEVALIER.

Tout eft au diable....

FRONTIN *affectant l'air trifte.*

Je vois que Lucile n'a pas voulu mordre à l'ameçon; cela eft bien trifte, mon cher Maître, pour un cœur tendre comme le votre.... Vous perdez une Maîtreffe future, & moi une Maî-treffe préfente.... Ce qui vous confole.... je fens qu'il me confolera auffi.... Et l'or de Madame la Comteffe.

LE CHEVALIER.

L'infupportable difcoureur ! quand jé té dis qué tout eft au diable.... Lucile....la Com-teffe.... nous....

FRONTIN *tragiquement.*

Nous (*fouriant.*) Ce font donc là vos prin-cipes fi fûrs pour réuffir, avec femmes bour-geoifes, femmes de conditions, femmes ga-lantes ?

LE CHEVALIER.

Lé fot, né finiras-tu pas?...C'eft un revers, il faut s'en confoler.... Jé quitte cet Hôtel, fais ma valife, & tu la porteras où nous logions ci-devant.   (*Il fort.*)

SCENE XXVII, & derniere.

FRONTIN.

ADIEU pension, adieu Lisette, adieu futures espérances, tout est évanoui.... Mais puis-je raisonnablement me plaindre ; la Comtesse se venge du Chevalier, le Marquis de Lucile, Lucile, Lisette & le Marquis de nous.... Eh bien, n'est-ce pas un rendu ? sans doute : voilà le proverbe : *A bon Chat bon Rat.*

FIN.

APPROBATION.

J'ai lu, par ordre de Monseigneur le Chancelier, une Comédie intitulée : *le Trompeur trompé* ; & je n'y ai rien trouvé qui m'ait paru devoir en empêcher l'impression. A Paris, ce 6 Novembre 1771.

CRÉBILLON.